Verordnung über Heizkostenabrechnung

HeizkostenV

Impressum

© GROELSV – Verlag, Hans-Much-Weg 14, 20249 Hamburg, Telefon: 040/ 32030598; - Redaktion GROELSV

1

Inhaltsverzeichnis

Verordnung über die verbrauchsabhängige Abrechnung der Heiz- und Warmwasserkosten(Verordnung über Heizkostenabrechnung - HeizkostenV)......................3

§ 1 Anwendungsbereich...3
§ 2 Vorrang vor rechtsgeschäftlichen Bestimmungen.................................5
§ 3 Anwendung auf das Wohnungseigentum...5
§ 4 Pflicht zur Verbrauchserfassung..6
§ 5 Ausstattung zur Verbrauchserfassung...7
§ 6 Pflicht zur verbrauchsabhängigen Kostenverteilung............................9
§ 7 Verteilung der Kosten der Versorgung mit Wärme...............................11
§ 8 Verteilung der Kosten der Versorgung mit Warmwasser..........................13
§ 9 Verteilung der Kosten der Versorgung mit Wärme und Warmwasser bei verbundenen Anlagen...14
§ 9a Kostenverteilung in Sonderfällen...19
§ 9b Kostenaufteilung bei Nutzerwechsel...20
§ 10 Überschreitung der Höchstsätze...21
§ 11 Ausnahmen...21
§ 12 Kürzungsrecht, Übergangsregelung...24
§ 13 (Berlin-Klausel)..26
§ 14 (Inkrafttreten)...26
Anhang EV Auszug aus EinigVtr Anlage I Kapitel V Sachgebiet D Abschnitt III (BGBl. II 1990, 889, 1007)
- Maßgaben für das beigetretene Gebiet (Art. 3 EinigVtr) -.........................26

Verordnung über die verbrauchsabhängige Abrechnung der Heiz- und Warmwasserkosten(Verordnung über Heizkostenabrechnung - HeizkostenV)

HeizkostenV

Ausfertigungsdatum: 23.02.1981

"Verordnung übe⁻ Heizkostenabrechnung in der Fassung der Bekanntmachung vom 5. Oktober 2009 (BGB . I S. 3250)"

Stand: Neugefasst durch Bek. v. 5.10.2009 I 3250

§ 1 Anwendungsbereich

(1) Diese Verordnung gilt für die Verteilung der Kosten

1.

des Betriebs zentraler Heizungsanlagen und zentraler

Warmwasserversorgungsanlagen,

2.

der eigenständig gewerblichen Lieferung von Wärme und

3

Warmwasser, auch aus Anlagen nach Nummer 1,

(Wärmelieferung, Warmwasserlieferung)

durch den Gebäudeeigentümer auf die Nutzer der mit Wärme oder

Warmwasser versorgten Räume.

(2) Dem Gebäudeeigentümer stehen gleich

1.

der zur Nutzungsüberlassung in eigenem Namen und für eigene

Rechnung Berechtigte,

2.

derjenige, dem der Betrieb von Anlagen im Sinne des § 1 Absatz 1

Nummer 1 in der Weise übertragen worden ist, dass er dafür ein

Entgelt vom Nutzer zu fordern berechtigt ist,

3.

beim Wohnungseigentum die Gemeinschaft der

Wohnungseigentümer im Verhältnis zum Wohnungseigentümer,

bei Vermietung einer oder mehrerer Eigentumswohnungen der

Wohnungseigentümer im Verhältnis zum Mieter.

(3) Diese Verordnung gilt auch für die Verteilung der Kosten der

Wärmelieferung und Warmwasserlieferung auf die Nutzer der mit

Wärme oder Warmwasser versorgten Räume, soweit der Lieferer

unmittelbar mit den Nutzern abrechnet und dabei nicht den für den

einzelnen Nutzer gemessenen Verbrauch, sondern die Anteile der

Nutzer am Gesamtverbrauch zu Grunde legt; in diesen Fällen gelten

die Rechte und Pflichten des Gebäudeeigentümers aus dieser

Verordnung für den Lieferer.

(4) Diese Verordnung gilt auch für Mietverhältnisse über

preisgebundenen Wohnraum, soweit für diesen nchts anderes

bestimmt ist.

-

§ 2 Vorrang vor rechtsgeschäftlichen Bestimmungen

Außer bei Gebäuden mit nicht mehr als zwei Wohnungen, von denen

eine der Vermieter selbst bewohnt, gehen die Vorschriften dieser

Verordnung rechtsgeschäftlichen Bestimmungen vor.

-

§ 3 Anwendung auf das Wohnungseigentum

Die Vorschriften dieser Verordnung sind auf Wohnungseigentum

anzuwenden unabhängig davon, ob durch Vereinbarung oder

5

Beschluss der Wohnungseigentümer abweichende Bestimmungen über die Verteilung der Kosten der Versorgung mit Wärme und Warmwasser getroffen worden sind. Auf die Anbringung und Auswahl der Ausstattung nach den §§ 4 und 5 sowie auf die Verteilung der Kosten und die sonstigen Entscheidungen des Gebäudeeigentümers nach den §§ 6 bis 9b und 11 sind die Regelungen entsprechend anzuwenden, die für die Verwaltung des gemeinschaftlichen Eigentums im Wohnungseigentumsgesetz enthalten oder durch Vereinbarung der Wohnungseigentümer getroffen worden sind. Die Kosten für die Anbringung der Ausstattung sind entsprechend den dort vorgesehenen Regelungen über die Tragung der Verwaltungskosten zu verteilen.

-

§ 4 Pflicht zur Verbrauchserfassung

(1) Der Gebäudeeigentümer hat den anteiligen Verbrauch der Nutzer an Wärme und Warmwasser zu erfassen.

(2) Er hat dazu die Räume mit Ausstattungen zur Verbrauchserfassung zu versehen; die Nutzer haben dies zu dulden. Will der Gebäudeeigentümer die Ausstattung zur Verbrauchserfassung mieten

oder durch eine andere Art der Gebrauchsüberlassung beschaffen, so hat er dies den Nutzern vorher unter Angabe der dadurch entstehenden Kosten mitzuteilen; die Maßnahme ist unzulässig, wenn die Mehrheit der Nutzer innerhalb eines Monats nach Zugang der Mitteilung widerspricht. Die Wahl der Ausstattung bleibt im Rahmen des § 5 dem Gebäudeeigentümer überlassen.

(3) Gemeinschaftlich genutzte Räume sind von der Pflicht zur Verbrauchserfassung ausgenommen. Dies gilt nicht für Gemeinschaftsräume mit nutzungsbedingt hohem Wärme- oder Warmwasserverbrauch, wie Schwimmbäder oder Saunen.

(4) Der Nutzer ist berechtigt, vom Gebäudeeigentümer die Erfüllung dieser Verpflichtungen zu verlangen.

-

§ 5 Ausstattung zur Verbrauchserfassung

(1) Zur Erfassung des anteiligen Wärmeverbrauchs sind Wärmezähler oder Heizkostenverteiler, zur Erfassung des anteiligen Warmwasserverbrauchs Warmwasserzähler oder andere geeignete Ausstattungen zu verwenden. Soweit nicht eichrechtliche Bestimmungen zur Anwendung kommen, dürfen nur solche

Ausstattungen zur Verbrauchserfassung verwendet werden, hinsichtlich derer sachverständige Stellen bestätigt haben, dass sie den anerkannten Regeln der Technik entsprechen oder dass ihre Eignung auf andere Weise nachgewiesen wurde. Als sachverständige Stellen gelten nur solche Stellen, deren Eignung die nach Landesrecht zuständige Behörde im Benehmen mit der Physikalisch-Technischen Bundesanstalt bestätigt hat. Die Ausstattungen müssen für das jeweilige Heizsystem geeignet sein und so angebracht werden, dass ihre technisch einwandfreie Funktion gewährleistet ist.

(2) Wird der Verbrauch der von einer Anlage im Sinne des § 1 Absatz 1 versorgten Nutzer nicht mit gleichen Ausstattungen erfasst, so sind zunächst durch Vorerfassung vom Gesamtverbrauch die Anteile der Gruppen von Nutzern zu erfassen, deren Verbrauch mit gleichen Ausstattungen erfasst wird. Der Gebäudeeigentümer kann auch bei unterschiedlichen Nutzungs- oder Gebäudearten oder aus anderen sachgerechten Gründen eine Vorerfassung nach Nutzergruppen durchführen.

-

8

§ 6 Pflicht zur verbrauchsabhängigen Kostenverteilung

(1) Der Gebäudeeigentümer hat die Kosten der Versorgung mit Wärme und Warmwasser auf der Grundlage der Verbrauchserfassung nach Maßgabe der §§ 7 bis 9 auf die einzelnen Nutzer zu verteilen. Das Ergebnis der Ablesung soll dem Nutzer in der Regel innerhalb eines Monats mitgeteilt werden. Eine gesonderte Mitteilung ist nicht erforderlich, wenn das Ableseergebnis über einen längeren Zeitraum in den Räumen des Nutzers gespeichert ist und von diesem selbst abgerufen werden kann. Einer gesonderten Mitteilung des Warmwasserverbrauchs bedarf es auch dann nicht, wenn in der Nutzeinheit ein Warmwasserzähler eingebaut ist.

(2) In den Fällen des § 5 Absatz 2 sind die Kosten zunächst mindestens zu 50 vom Hundert nach dem Verhältnis der erfassten Anteile am Gesamtverbrauch auf die Nutzergruppen aufzuteilen. Werden die Kosten nicht vollständig nach dem Verhältnis der erfassten Anteile am Gesamtverbrauch aufgeteilt, sind

1.

die übrigen Kosten der Versorgung mit Wärme nach der Wohn- oder Nutzfläche oder nach dem umbauten Raum auf die einzelnen

Nutzergruppen zu verteilen; es kann auch die Wohn- oder Nutzfläche oder der umbaute Raum der beheizten Räume zu Grunde gelegt werden,

2.

die übrigen Kosten der Versorgung mit Warmwasser nach der Wohn- oder Nutzfläche auf die einzelnen Nutzergruppen zu verteilen.

Die Kostenanteile der Nutzergruppen sind dann nach Absatz 1 auf die einzelnen Nutzer zu verteilen.

(3) In den Fällen des § 4 Absatz 3 Satz 2 sind die Kosten nach dem Verhältnis der erfassten Anteile am Gesamtverbrauch auf die Gemeinschaftsräume und die übrigen Räume aufzuteilen. Die Verteilung der auf die Gemeinschaftsräume entfallenden anteiligen Kosten richtet sich nach rechtsgeschäftlichen Bestimmungen.

(4) Die Wahl der Abrechnungsmaßstäbe nach Absatz 2 sowie nach § 7 Absatz 1 Satz 1, §§ 8 und 9 bleibt dem Gebäudeeigentümer überlassen. Er kann diese für künftige Abrechnungszeiträume durch Erklärung gegenüber den Nutzern ändern

1.

bei der Einführung einer Vorerfassung nach Nutzergruppen,

2.

nach Durchführung von baulichen Maßnahmen, die nachhaltig

Einsparungen von Heizenergie bewirken oder

3.

aus anderen sachgerechten Gründen nach deren erstmaliger

Bestimmung.

Die Festlegung und die Änderung der Abrechnungsmaßstäbe sind nur

mit Wirkung zum Beginn eines Abrechnungszeitraumes zulässig.

-

§ 7 Verteilung der Kosten der Versorgung mit Wärme

(1) Von den Kosten des Betriebs der zentralen Heizungsanlage sind

mindestens 50 vom Hundert, höchstens 70 vom Hundert nach dem

erfassten Wärmeverbrauch der Nutzer zu verteilen. In Gebäuden, die

das Anforderungsniveau der Wärmeschutzverordnung vom 16. August

1994 (BGBl. I S. 2121) nicht erfüllen, die mit einer Öl- oder Gasheizung

versorgt werden und in denen die freiliegenden Leitungen der

Wärmeverteilung überwiegend gedämmt sind, sind von den Kosten

des Betriebs der zentralen Heizungsanlage 70 vom Hundert nach dem

11

erfassten Wärmeverbrauch der Nutzer zu verteilen. In Gebäuden, in

denen die freiliegenden Leitungen der Wärmeverteilung überwiegend

ungedämmt sind und deswegen ein wesentlicher Anteil des

Wärmeverbrauchs nicht erfasst wird, kann der Wärmeverbrauch der

Nutzer nach anerkannten Regeln der Technik bestimmt werden. Der so

bestimmte Verbrauch der einzelnen Nutzer wird als erfasster

Wärmeverbrauch nach Satz 1 berücksichtigt. Die übrigen Kosten sind

nach der Wohn- oder Nutzfläche oder nach dem umbauten Raum zu

verteilen; es kann auch die Wohn- oder Nutzfläche oder der umbaute

Raum der beheizten Räume zu Grunde gelegt werden.

(2) Zu den Kosten des Betriebs der zentralen Heizungsanlage

einschließlich der Abgasanlage gehören die Kosten der verbrauchten

Brennstoffe und ihrer Lieferung, die Kosten des Betriebsstromes, die

Kosten der Bedienung, Überwachung und Pflege der Anlage, der

regelmäßigen Prüfung ihrer Betriebsbereitschaft und Betriebssicherheit

einschließlich der Einstellung durch eine Fachkraft, der Reinigung der

Anlage und des Betriebsraumes, die Kosten der Messungen nach dem

Bundes-Immissionsschutzgesetz, die Kosten der Anmietung oder

anderer Arten der Gebrauchsüberlassung einer Ausstattung zur

Verbrauchserfassung sowie die Kosten der Verwendung einer

12

Ausstattung zur Verbrauchserfassung einschließ ich der Kosten der Eichung sowie der Kosten der Berechnung, Aufteilung und Verbrauchsanalyse. Die Verbrauchsanalyse sollte insbesondere die Entwicklung der Kosten für die Heizwärme- und Warmwasserversorgung der vergangenen drei Jahre wiedergeben.

(3) Für die Verteilung der Kosten der Wärmelieferung gilt Absatz 1 entsprechend.

(4) Zu den Kosten der Wärmelieferung gehören das Entgelt für die Wärmelieferung und die Kosten des Betriebs der zugehörigen Hausanlagen entsprechend Absatz 2.

-

§ 8 Verteilung der Kosten der Versorgung mit Warmwasser

(1) Von den Kosten des Betriebs der zentralen Warmwasserversorgungsanlage sind mindestens 50 vom Hundert, höchstens 70 vom Hundert nach dem erfassten Warmwasserverbrauch die übrigen Kosten nach der Wohn- oder Nutzfläche zu verteilen.

(2) Zu den Kosten des Betriebs der zentralen Warmwasserversorgungsanlage gehören die Kosten der

Wasserversorgung, soweit sie nicht gesondert abgerechnet werden, und die Kosten der Wassererwärmung entsprechend § 7 Absatz 2. Zu den Kosten der Wasserversorgung gehören die Kosten des Wasserverbrauchs, die Grundgebühren und die Zählermiete, die Kosten der Verwendung von Zwischenzählern, die Kosten des Betriebs einer hauseigenen Wasserversorgungsanlage und einer Wasseraufbereitungsanlage einschließlich der Aufbereitungsstoffe.

(3) Für die Verteilung der Kosten der Warmwasserlieferung gilt Absatz 1 entsprechend.

(4) Zu den Kosten der Warmwasserlieferung gehören das Entgelt für die Lieferung des Warmwassers und die Kosten des Betriebs der zugehörigen Hausanlagen entsprechend § 7 Absatz 2.

-

§ 9 Verteilung der Kosten der Versorgung mit Wärme und Warmwasser bei verbundenen Anlagen

(1) Ist die zentrale Anlage zur Versorgung mit Wärme mit der zentralen Warmwasserversorgungsanlage verbunden, so sind die einheitlich entstandenen Kosten des Betriebs aufzuteilen. Die Anteile an den einheitlich entstandenen Kosten sind bei Anlagen mit Heizkesseln nach

14

den Anteilen am Brennstoffverbrauch oder am Energieverbrauch, bei

eigenständiger gewerblicher Wärmelieferung nach den Anteilen am

Wärmeverbrauch zu bestimmen. Kosten, die nicht einheitlich

entstanden sind, sind dem Anteil an den einheitlich entstandenen

Kosten hinzuzurechnen. Der Anteil der zentralen Anlage zur

Versorgung mit Wärme ergibt sich aus dem gesamten Verbrauch nach

Abzug des Verbrauchs der zentralen Warmwasserversorgungsanlage.

Bei Anlagen, die weder durch Heizkessel noch durch eigenständige

gewerbliche Wärmelieferung mit Wärme versorgt werden, können

anerkannte Regeln der Technik zur Aufteilung der Kosten verwendet

werden. Der Anteil der zentralen Warmwasserversorgungsanlage am

Wärmeverbrauch ist nach Absatz 2, der Anteil am Brennstoffverbrauch

nach Absatz 3 zu ermitteln.

(2) Die auf die zentrale Warmwasserversorgungsanlage entfallende

Wärmemenge (Q) ist ab dem 31. Dezember 2013 mit einem

Wärmezähler zu messen. Kann die Wärmemenge nur mit einem

unzumutbar hohen Aufwand gemessen werden, kann sie nach der

Gleichung

$$Q = 2,5 \cdot \frac{kWh}{m^3 \cdot K} \cdot V \cdot (t_w - 10\ °C)$$

15

bestimmt werden. Dabei sind zu Grunde zu legen

1.

das gemessene Volumen des verbrauchten Warmwassers (V) in

Kubikmetern (m^3);

2.

die gemessene oder geschätzte mittlere Temperatur des

Warmwassers (t_w) in Grad Celsius (°C).

Wenn in Ausnahmefällen weder die Wärmemenge noch das Volumen

des verbrauchten Warmwassers gemessen werden können, kann die

auf die zentrale Warmwasserversorgungsanlage entfallende

Wärmemenge nach folgender Gleichung bestimmt werden

$$Q = 32 \cdot \frac{kWh}{m^2 \, A_{Wohn}} \cdot A_{Wohn}$$

Dabei ist die durch die zentrale Anlage mit Warmwasser versorgte

Wohn- oder Nutzfläche (A_{Wohn}) zu Grunde zu legen. Die nach den

Gleichungen in Satz 2 oder 4 bestimmte Wärmemenge (Q) ist

1.

bei brennwertbezogener Abrechnung von Erdgas mit 1,11 zu

multiplizieren und

2.

bei eigenständiger gewerblicher Wärmelieferung durch 1,15 zu

dividieren.

(3) Bei Anlagen mit Heizkesseln ist der Brennstoffverbrauch der

zentralen Warmwasserversorgungsanlage (B) in Litern, Kubikmetern,

Kilogramm oder Schüttraummetern nach der Gleichung

$$B = \frac{Q}{H_i}$$

zu bestimmen. Dabei sind zu Grunde zu legen

1.

die auf die zentrale Warmwasserversorgungsanlage entfallende

Wärmemenge (Q) nach Absatz 2 in kWh;

2.

der Heizwert des verbrauchten Brennstoffes (H_i) in

Kilowattstunden (kWh) je Liter (l), Kubikmeter (m^3), Kilogramm

(kg) oder Schüttraummeter (SRm). Als H_i-Werte können

verwendet werden für

Leichtes Heizöl   10   kWh/

EL   l

17

Schweres Heizöl	10,9	kWh/l
Erdgas H	10	kWh/m^3
Erdgas L	9	kWh/m^3
Flüssiggas	13	kWh/kg
Koks	8	kWh/kg
Braunkohle	5,5	kWh/kg
Steinkohle	8	kWh/kg
Holz (lufttrocken)	4,1	kWh/kg
Holzpellets	5	kWh/kg
Holzhackschnitzel	650	kWh/SRm.

Enthalten die Abrechnungsunterlagen des

Energieversorgungsunternehmens oder Brennstofflieferanten H_i-Werte,

so sind diese zu verwenden. Soweit die Abrechnung über kWh-Werte erfolgt, ist eine Umrechnung in Brennstoffverbrauch nicht erforderlich.

(4) Der Anteil an den Kosten der Versorgung mit Wärme ist nach § 7

Absatz 1, der Anteil an den Kosten der Versorgung mit Warmwasser

nach § 8 Absatz 1 zu verteilen, soweit diese Verordnung nichts

anderes bestimmt oder zulässt.

-

§ 9a Kostenverteilung in Sonderfällen

(1) Kann der anteilige Wärme- oder Warmwasserverbrauch von

Nutzern für einen Abrechnungszeitraum wegen Geräteausfalls oder

aus anderen zwingenden Gründen nicht ordnungsgemäß erfasst

werden, ist er vom Gebäudeeigentümer auf der Grundlage des

Verbrauchs der betroffenen Räume in vergleichbaren Zeiträumen oder

des Verbrauchs vergleichbarer anderer Räume im jeweiligen

Abrechnungszeitraum oder des Durchschnittsverbrauchs des

Gebäudes oder der Nutzergruppe zu ermitteln. Der so ermittelte

anteilige Verbrauch ist bei der Kostenverteilung anstelle des erfassten

Verbrauchs zu Grunde zu legen.

(2) Überschreitet die von der Verbrauchsermittlung nach Absatz 1

betroffene Wohn- oder Nutzfläche oder der umbaute Raum 25 vom

19

Hundert der für die Kostenverteilung maßgeblichen gesamten Wohn-oder Nutzfläche oder des maßgeblichen gesamten umbauten Raumes, sind die Kosten ausschließlich nach den nach § 7 Absatz 1 Satz 5 und § 8 Absatz 1 für die Verteilung der übrigen Kosten zu Grunde zu legenden Maßstäben zu verteilen.

-

§ 9b Kostenaufteilung bei Nutzerwechsel

(1) Bei Nutzerwechsel innerhalb eines Abrechnungszeitraumes hat der Gebäudeeigentümer eine Ablesung der Ausstattung zur Verbrauchserfassung der vom Wechsel betroffenen Räume (Zwischenablesung) vorzunehmen.

(2) Die nach dem erfassten Verbrauch zu verteilenden Kosten sind auf der Grundlage der Zwischenablesung, die übrigen Kosten des Wärmeverbrauchs auf der Grundlage der sich aus anerkannten Regeln der Technik ergebenden Gradtagszahlen oder zeitanteilig und die übrigen Kosten des Warmwasserverbrauchs zeitanteilig auf Vor- und Nachnutzer aufzuteilen.

(3) Ist eine Zwischenablesung nicht möglich oder lässt sie wegen des Zeitpunktes des Nutzerwechsels aus technischen Gründen keine

20

hinreichend genaue Ermittlung der Verbrauchsanteile zu, sind die

gesamten Kosten nach den nach Absatz 2 für die übrigen Kosten

geltenden Maßstäben aufzuteilen.

(4) Von den Absätzen 1 bis 3 abweichende rechtsgeschäftliche

Bestimmungen bleiben unberührt.

-

§ 10 Überschreitung der Höchstsätze

Rechtsgeschäftliche Bestimmungen, die höhere als die in § 7 Absatz 1

und § 8 Absatz 1 genannten Höchstsätze von 70 vom Hundert

vorsehen, bleiben unberührt.

-

§ 11 Ausnahmen

(1) Soweit sich die §§ 3 bis 7 auf die Versorgung mit Wärme beziehen,

sind sie nicht anzuwenden

1.

auf Räume,

a)

in Gebäuden, die einen Heizwärmebedarf von weniger als 15 kWh/(m^2 · a) aufweisen,

b)

bei denen das Anbringen der Ausstattung zur Verbrauchserfassung, die Erfassung des Wärmeverbrauchs oder die Verteilung der Kosten des Wärmeverbrauchs nicht oder nur mit unverhältnismäßig hohen Kosten möglich ist; unverhältnismäßig hohe Kosten liegen vor, wenn diese nicht durch die Einsparungen, die in der Regel innerhalb von zehn Jahren erzielt werden können, erwirtschaftet werden können; oder

c)

die vor dem 1. Juli 1981 bezugsfertig geworden sind und in denen der Nutzer den Wärmeverbrauch nicht beeinflussen kann;

2.

a)

auf Alters- und Pflegeheime, Studenten- und Lehrlingsheime,

b)

auf vergleichbare Gebäude oder Gebäudeteile, deren

Nutzung Personengruppen vorbehalten ist, mit denen wegen

ihrer besonderen persönlichen Verhältnisse regelmäßig keine

üblichen Mietverträge abgeschlossen werden;

3.

auf Räume in Gebäuden, die überwiegend versorgt werden

a)

mit Wärme aus Anlagen zur Rückgewinnung von Wärme oder

aus Wärmepumpen- oder Solaranlagen oder

b)

mit Wärme aus Anlagen der Kraft-Wärme-Kopplung oder aus

Anlagen zur Verwertung von Abwärme, sofern der

Wärmeverbrauch des Gebäudes nicht erfasst wird;

4.

auf die Kosten des Betriebs der zugehörigen Hausanlagen, soweit

diese Kosten in den Fällen des § 1 Absatz 3 nicht in den Kosten

der Wärmelieferung enthalten sind, sondern vom

Gebäudeeigentümer gesondert abgerechnet werden;

5.

in sonstigen Einzelfällen, in denen die nach Landesrecht

23

zuständige Stelle wegen besonderer Umstände von den

Anforderungen dieser Verordnung befreit hat, um einen

unangemessenen Aufwand oder sonstige unbillige Härten zu

vermeiden.

(2) Soweit sich die §§ 3 bis 6 und § 8 auf die Versorgung mit

Warmwasser beziehen, gilt Absatz 1 entsprechend.

-

§ 12 Kürzungsrecht, Übergangsregelung

(1) Soweit die Kosten der Versorgung mit Wärme oder Warmwasser

entgegen den Vorschriften dieser Verordnung nicht

verbrauchsabhängig abgerechnet werden, hat der Nutzer das Recht,

bei der nicht verbrauchsabhängigen Abrechnung der Kosten den auf

ihn entfallenden Anteil um 15 vom Hundert zu kürzen. Dies gilt nicht

beim Wohnungseigentum im Verhältnis des einzelnen

Wohnungseigentümers zur Gemeinschaft der Wohnungseigentümer;

insoweit verbleibt es bei den allgemeinen Vorschriften.

(2) Die Anforderungen des § 5 Absatz 1 Satz 2 gelten bis zum 31.

Dezember 2013 als erfüllt

24

1.

für die am 1. Januar 1987 für die Erfassung des anteiligen

Warmwasserverbrauchs vorhandenen Warmwasserkostenverteiler

und

2.

für die am 1. Juli 1981 bereits vorhandenen sonstigen

Ausstattungen zur Verbrauchserfassung.

(3) Bei preisgebundenen Wohnungen im Sinne der

Neubaumietenverordnung 1970 gilt Absatz 2 mit der Maßgabe, dass

an die Stelle des Datums "1. Juli 1981" das Datum "1. August 1984"

tritt.

(4) § 1 Absatz 3, § 4 Absatz 3 Satz 2 und § 6 Absatz 3 gelten für

Abrechnungszeiträume die nach dem 30. September 1989 beginnen;

rechtsgeschäftliche Bestimmungen über eine frühere Anwendung

dieser Vorschriften bleiben unberührt.

(5) Wird in den Fällen des § 1 Absatz 3 der Wärmeverbrauch der

einzelnen Nutzer am 30. September 1989 mit Einrichtungen zur

Messung der Wassermenge ermittelt, gilt die Anforderung des § 5

Absatz 1 Satz 1 als erfüllt.

(6) Auf Abrechnungszeiträume, die vor dem 1. Januar 2009 begonnen

25

haben, ist diese Verordnung in der bis zum 31. Dezember 2008 geltenden Fassung weiter anzuwenden.

-

§ 13 (Berlin-Klausel)

-

§ 14 (Inkrafttreten)

-

Anhang EV Auszug aus EinigVtr Anlage I Kapitel V Sachgebiet D

Abschnitt III

(BGBl. II 1990, 889, 1007)

- Maßgaben für das beigetretene Gebiet (Art. 3 EinigVtr) -

Abschnitt III

Bundesrecht tritt in dem in Artikel 3 des Vertrages genannten Gebiet mit folgenden Maßgaben in Kraft:

...

Verordnung über Heizkostenabrechnung in der Fassung der Bekanntmachung vom 20. Januar 1989 (BGBl. I S. 115)

26

mit folgenden Maßgaben:

a)

Die Verordnung tritt zum 1. Januar 1991 in Kraft. Bis zum 31.

Dezember 1990 kann in dem in Artikel 3 des Vertrages

genannten Gebiet nach den bisherigen Regeln verfahren

werden.

b)

Räume, die vor dem 1. Januar 1991 bezugsfertig geworden

sind und in denen die nach der Verordnung erforderliche

Ausstattung zur Verbrauchserfassung noch nicht vorhanden

ist, sind bis spätestens zum 31. Dezember 1995

auszustatten. Der Gebäudeeigentümer ist berechtigt, die

Ausstattung bereits vor dem 31. Dezember 1995

anzubringen.

c)

Soweit und solange die nach Landesrecht zuständigen

Behörden des in Artikel 3 des Vertrages genannten Gebietes

noch nicht die Eignung sachverständiger Stellen gemäß § 5

Abs. 1 Satz 2 und 3 der Verordnung bestätigt haben, können

27

Ausstattungen zur Verbrauchserfassung verwendet werden

für die eine sachverständige Stelle aus dem Gebiet, in dem

die Verordnung schon vor dem Beitritt gegolten hat, die

Bestätigung im Sinne von § 5 Abs. 1 Satz 2 erteilt hat.

d)

Als Heizwerte der verbrauchten Brennstoffe (Hu) nach § 9

Abs. 2 Ziff. 3 können auch verwendet werden:

Braunkohlenbrikett   5,5 kWh/kg

Braunkohlenhochtemperaturkoks 8,0 kWh/kg

e)

Die Vorschriften dieser Verordnung über die Kostenverteilung

gelten erstmalig für den Abrechnungszeitraum, der nach dem

Anbringen der Ausstattung beginnt.

f)

§ 11 Abs. 1 Nr. 1 Buchstabe b) ist mit der Maßgabe

anzuwenden, daß an die Stelle des Datums "1. Juli 1981" das

Datum "1. Januar 1991" tritt.

g)

§ 12 Abs. 2 ist mit der Maßgabe anzuwenden, daß an die Stelle der Daten "1. Januar 1987" und "1. Juli 1981" jeweils das Datum "1. Januar 1991" tritt.

www.ingramcontent.com/pod-product-compliance
Lightning Source LLC
Chambersburg PA
CBHW070758180526
45168CB00004B/1669